OBSERVATIONS

SUR

LES DEUX

MODES DE PAIEMENS

PROPOSÉS

POUR ACQUITTER LES DETTES DE L'ÉTAT;

SUIVIES d'un mot de réponse au Discours de M. Necker, sur la nouvelle émission d'assignats.

PAR UN NÉGOCIANT, Membre du Club de 1789.

Lues à la Séance du 23 août.

———

A PARIS.

DE L'IMPRIMERIE DU PATRIOTE FRANÇOIS,

Place du Théâtre Italien;

Et se vend chez DESENNE, *au Palais-Royal*, Nº. 1 et 2.

———

1790.

OBSERVATIONS

SUR LES DEUX

MODES DE PAIEMENS

PROPOSÉS pour acquitter les dettes de l'Etat.

ON propose deux moyens pour payer les créanciers de l'Etat ; savoir, des contrats portant intérêt à cinq pour cent, qui seroient admis en paiement des biens nationaux ; on rembourse-roit de la même manière les créanciers, pour les charges de judicature et de finance. Ou bien , on propose de payer les uns et les autres par des assignats-monnoie , portant ou ne portant pas intérêt , et délégués successivement sur ces mêmes biens, à la concurrence de leur estimation.

Je dirai peu de chose sur le premier mode de paiement, qui ne me paroît pas du tout ad-missible : ceux qui le proposent n'ignorent pas que les contrats à cinq pour cent, perdent vingt pour cent sur la place ; qu'en ajoutant à la masse des papiers qui existent 600 millions de de contrats, pour le remboursement des charges, cette nouvelle concurrence, sans un nouveau numéraire pour la soutenir, doit amener ces contrats à perdre trente pour cent au moins. Ainsi, si la nation me doit 100,000 liv., et que j'aie à payer 100,000 liv., comme je ne pourrai donner à mon créancier ces 100,000 livres de contrats que pour ce qu'ils vaudront, n'en retirant que 70,000 liv., il pourra me poursuivre pour les 30,000 liv. restantes.

A-t-on pesé l'injustice qu'il y auroit, à ce que la nation pût s'ordonner à elle-même de payer ses créanciers dans une monnoie avec laquelle elle leur défendroit de s'acquitter à leur tour, soit envers elle-même, soit envers les individus qui la composent ; en sorte que la nation souffriroit que ses créanciers directs fussent poursuivis comme banqueroutiers, parce qu'ils auroient voulu payer à leur tour comme elle a cru pouvoir les payer ? Cela ne répugne-t-il pas à toutes les idées d'humanité et de justice ? Il n'y a pas de milieu, ou la banqueroute, que la nation a déclarée infâme, est faite, ou elle ne doit pas me payer dans une monnoie qu'elle reconnoît elle-même mauvaise, puisqu'elle n'en veut point, lorsqueje deviens son débiteur.

Ce mode de paiement est non-seulement de

toute injustice ; mais il n'est pas même avan-
tageux à la nation ; car, si l'on veut bien suivre
les conséquences d'un pareil paiement, lorsqu'il
s'agit d'une dette immense, on les verra s'éten-
dre, dans tous les sens, sur les produits du
travail et de l'industrie, occasionner, de proche
en proche, des dérangemens nombreux, et re-
tomber, en dernière analyse, en perte pour le fisc.

Mais si l'on trouve un mode de paiement qui,
en faisant justice aux créanciers de l'Etat, ne
porte aucun préjudice aux créanciers indirects,
et fasse en même temps le bien général de la
nation, on ne doit sans doute pas hésiter de le
préférer : il faut donc prouver que toutes ces
conditions se trouvent dans le second mode
proposé.

Et sans doute on conviendra qu'il y aura
justice pour les créanciers de l'Etat, et convenance pour les créanciers indirects, lorsqu'un
grand avantage national s'y trouvera : c'est donc
ce dernier point seulement qu'il s'agit de
prouver.

Voyons, d'abord, ce que c'est que la monnoie, et si les métaux sont absolument nécessaires aux échanges. La monnoie est un signe
qui, non-seulement représente la valeur de
toutes les marchandises, mais qui en facilite

encore les échanges ; par-là s'abrège le transport de la richesse et la marche du commerce. Une peuplade de sauvages n'a pas besoin de signe représentatif de sa richesse , parce qu'elle ne possède point de richesse ; mais lorsque la société a commencé à se former, et que l'homme s'est fait plus de besoins, on a bientôt reconnu qu'il falloit un signe commun et convenu, pour faciliter les échanges de nos besoins : ces échanges ont amené l'industrie et la civilisation. En effet, on ne conçoit pas comment , sans une monnoie quelconque, il y auroit des villes ou une grande population, et comment la civilisation auroit pu atteindre le degré de perfection où elle est parvenue. En un mot, on est obligé de reconnoître que la monnoie est l'intermédiaire qui lie entr'eux et tient en activité tous les rapports conservateurs de la société : ces signes d'échange , grossiers dans leur principe, se sont bientôt perfectionnés, et l'on a adopté celui des métaux, comme le plus commode et le moins arbitraire.

L'industrie active reconnut bientôt l'insuffisance de ces signes ; de-là vint l'invention des lettres-de-change, qui a ouvert les communications de peuple à peuple , et probablement changé la face de l'Europe.

(7)

Ce signe, pour les nations actives, fut encore insuffisant, et l'on imagina le papier de banque. Ce papier représenta d'abord la remise d'une somme équivalente; telle fut la banque d'Amsterdam et de Gênes: ensuite, il représenta une garantie valable, une caution mobiliaire; telle fut la banque d'Angleterre: enfin, il représenta une riche espérance et une promesse solemnelle; telle fut la banque de Law, et le papier de l'Amérique septentrionale.

On voit, par ces établissemens, qu'on a suppléé à l'or, quand il manquoit, et qu'on lui a aidé, quand il n'étoit pas assez abondant; on voit que le besoin de la rapidité des échanges, lui a fait suppléer d'autres signes plus commodes; que c'est l'art des lettres-de-change qui a fait naître les rapports de commerce d'une nation à une autre, et que l'or n'y est point absolument nécessaire; que l'or n'étant qu'un représentatif comme un autre, à défaut d'or, on solderoit les échanges par les choses qu'il représente: les choses qu'il représente naissent de la terre et de l'industrie; ainsi, c'est la terre et l'industrie qui font la richesse; l'or n'a de valeur qu'autant qu'il circule. Lafontaine disoit de l'or stagnant : *Mettez une pierre à la place, elle vous vaudra tout autant.* Moi je dirai

Faites circuler autre chose à la place, *elle vous vaudra tout autant*. Mais deux conditions sont nécessaires ; l'une, que cette chose représente une valeur qui ne soit point arbitraire ; l'autre, que cette valeur soit déposée en lieu sûr. Le signe aura donc atteint le plus haut degré de solidité, si la valeur, loin d'être arbitraire, est toujours croissante , et si elle est de nature à ne pouvoir être enlevée. Tel est, sans doute, le signe qui représente la terre dans un pays fertile et cultivé ; et tels sont les assignats-monnoie. Aucun papier de banque ne leur est comparable. Celui de la banque d'Amsterdam , le plus solide que l'on connoisse, n'a pas la même solidité. Il repose sur une valeur égale , mais non augmentative ; une invasion étrangère pourroit enlever les dépôts faits à la banque ; on ne craindra pas que l'on vienne enlever nos terres.

Que fait aujourd'hui la nation ? La nation est un souverain endetté, qui dit à ses sujets : « J'ai emprunté de vous, et j'ai craint de ne pouvoir pas vous payer ; mais je viens d'avoir un héritage considérable, qui me met bien au-dessus de mes besoins : mais cet héritage n'est pas en or ni en argent, et c'est de l'or et de l'argent que je vous dois, et que vous voudriez. Voici

donc ce que je vous propose. Mon héritage con-
siste en une mine très-riche, mais qu'il faut exploi-
ter ; j'offre de vous donner des délégations sur
cette mine, qui seront remboursées à mesure
d'exploitation ou de ventes ; et comme ces délégations vous embarrasseroient, et que, pour
en avoir des écus, vous seriez obligés de les
donner à d'autant plus grosse perte, qu'au lieu
de faire refluer parmi vous l'or et l'argent que
vous m'avez prêté, j'en ai dissipé la majeure
partie dans des guerres étrangères, et que le
peu qui vous reste est en partie enfoui par la
défiance, je vais donner cours de monnoie à
ces délégations, jusqu'au moment où mes mines
seront exploitées et réalisées. Pour premier
avantage que nous en retirerons, vous et moi,
c'est que vous ayant payé, vous pourrez me
payer à votre tour les subsides que vous me
devez, et assurer par-là d'autant plus solidement le paiement de ce que vous je devrai
encore. Et, remarquez bien ceci, c'est que les
délégations que je vais vous donner sur ces
mines, vont animer des millions de bras à leur
exploitation, pour faire sortir de leurs entrailles
l'or qui doit les rembourser ; en sorte que, par
cette opération même, j'assure votre gage, et
le rends plus productif ».

C'est ce qu'a dit la nation, lorsqu'elle a dé-
crété les 400 millions d'assignats, à valoir sur
le produit de ses terres. Et ayant commencé à
payer une partie de ses créanciers de cette
manière, je ne conçois pas comment on voudroit aujourd'hui payer différemment les autres,
en leur faisant une injustice manifeste, et sans
aucune utilité ni pour la nation, ni pour les
créanciers indirects, puisque, s'ils ont peur des
assignats, ils ne peuvent déjà plus les éviter.

Dans cette opinion, je dis que la question se
réduit uniquement à savoir, si l'on doit, pour
le bien de tous, retarder ou accélérer ce mode
de paiement, et quelle mesure il faut observer.

Et, sans doute, on me dira que c'est déjà le
moment de s'arrêter, puisque les assignats perdent contre le numéraire. Ce ne peut être, dit-
on, que parce que l'on a déjà dépassé la mesure qu'il faut garder. Examinons donc ce que
c'est que cette perte, et si elle est réelle ou ima-
ginaire.

Pour que cette monnoie perdît, il faudroit
qu'elle fût discréditée ; pour connoître si elle
est discréditée, il faut voir si le prix des choses
est au-desus de ce qu'il seroit, si nous avions
une abondance suffisante de numéraire, pour
nous passer de ce représentatif. Si nous consi-

dérons le prix des choses dans les pays où le numéraire est abondant, nous verrons qu'il s'en faut de beaucoup que nos assignats remplacent un numéraire abondant : le prix des immeubles et des terres, qui sert de mesure à l'abondance ou à la rareté du numéraire, est, chez nous, plus bas que nulle part, c'est-à-dire, que nous avons à meilleur compte chez nous contre assignats, ce que l'on auroit chez nos voisins contre écus. Cela prouve, d'une part, le plein crédit de nos assignats, et de l'autre, que nous n'en avons pas assez pour compenser le numéraire qui nous manque.

Mais d'où vient donc la différence qui existe entre les assignats et le numéraire, si elle ne provient pas d'un discrédit ? C'est que, lorsqu'i y a deux sortes de monnoies, elles deviennent marchandises l'une vis-à-vis de l'autre ; si l'une des deux est plus rare, et qu'elle serve à plus de besoins, elle devra gagner contre l'autre ; que la monnoie effective soit rare, c'est ce qui n'est pas douteux ; mais que ce soient les assignats qui l'aient rendu rare, c'est ce que l'on peut combatre avec avantage : les assignats n'ont eu cours de monnoie que par le cri général, sur le défaut de numéraire ; ainsi l'on ne peut nier que le numéraire fût rare, lorsque les assignats ont paru ; et si l'on veut bien ne pas perdre de vue que les assignats ont été appellés pour faire les fonctions que fait le numéraire, quand il est abondant, et non pas celle qu'il fait quand il est rare , on verra que l'on a tort de se plaindre.

On me dira que, sans les assignats, on auroit toutes choses à meilleur compte encore ; mais ce seroit graces à la rareté du numéraire; et c'est positivement ce à quoi l'on a voulu remédier : car cet avilissement du prix de toutes choses est le signe de la détresse et de la ruine du plus grand nombre , en accumulant toutes les propriétés entre les mains de quelques individus (1).

La différence qui existe entre nos deux mon-

----

(1) On dit que *le papier chasse l'argent* , et , par ce vieux proverbe , on croit avoir répondu à tout. Le papier , lorsqu'il est bon, ne chasse pas l'argent, c'est le discrédit ou le trouble qui chassent l'argent. On veut fermer les yeux sur la différence immense qu'il y a entre une nation qui crée un papier parce que son numéraire, qui existe, s'est caché, par des causes extraordinaires , et une nation qui crée un papier, parce qu'elle n'a rien , tel que fut celui de l'Amérique septentrionale. Nos assignats ne portent pas sur les marais et les déserts du Scioto , ils portent sur des terres fertiles et cultivées.

noies, provient uniquement de ce que la monnoie-assignat ne peut pas servir, comme l'autre, à tous les besoins. Pour faire disparoître cette différence, il faut donc la rendre, le plus qu'il est possible, adaptée à tous les besoins. On remplira ce but, en créant des assignats de petites sommes : c'est uniquement la difficulté de l'échange pour les besoins journaliers et multipliés, qui font perdre les assignats ; cette difficulté ne provient point de défiance, elle est très-naturelle. On a vu à Londres les guinées perdre contre la monnoie blanche, quand elle étoit rare : il s'établissoit un trafic pour l'échange, et les changeurs accaparoient la petite monnoies. Il n'est donc pas du tout étonnant que l'on perde pour changer une pièce de 200 liv. lorsque les écus sont rares. Et si l'on considère que les sept huitièmes des paiemens se faisant en petites sommes, il faudroit sept fois plus de numéraire que d'assignats, pour établir la proportion ; si l'on doit s'étonner de quelque chose, c'est de ce qu'ils ne perdent pas davantage. Ces échanges ne pouvant avoir lieu que par la complaisance du public, même sans rareté, on pourroit être dans le cas de donner une prime à des changeurs.

On a voulu éviter les petits assignats, parce

que l'on a craint, dans le principe, la nouveauté de cette monnoie pour le peuple; mais, depuis lors, le peuple a assez entendu parler d'assignats, et des biens du clergé, sur lesquels ils reposent. On paie mal les ouvriers, et on leur dit: Prenez-vous-en aux assignats, qui ont fait disparoître le numéraire. Ainsi, on les indispose contre les assignats, qu'ils n'ont pas, et ne peuvent avoir. Faites-les gagner, et donnez-leur de petits assignats, ils ne les refuseront pas : le peuple se conduit plus par l'exemple que par le raisonnement, et sur-tout par l'exemple de ceux qui sont plus opulens que lui: quand il verra que les riches ont, comme lui, cette monnoie, il la trouvera très-bonne.

Par la difficulté de l'échange des gros assignats, on se refuse à une dépense de six livres, parce qu'il faudroit perdre douze livres pour échanger un assignat, et cela retombe sur le peuple. Dans tous les pays où le papier supplée au numéraire, on a reconnu la nécessité des petits billets : en Suède, ils sont de six livres, et sans inconvénient: on s'en sert pour payer les troupes. On pourroit créer 100 millions d'assignats, de 25 et de 6 liv. s'il le faut : ils s'écouleroient et disparoîtroient bientôt dans les canaux nombreux de la circulation pour la vivifier, comme une pluie bienfaisante s'imbibe et rafraîchit une terre long-temps altérée. Ils gagneroient certaïnement contre les gros ; on peut en faire l'essai. Ce n'est pas les petits billets qu'on chercheroit à contrefaire. Enfin, cette mesure est d'autant plus instante, que les causes qui resserrent le numéraire peuvent durer encore long temps, et même s'augmenter.

A cette précaution, il faut ajouter celle de frapper de la petite monnoie d'argent et de cuivre, pour rendre très-facile l'échange des petits billets : quand on saura se passer d'écus, on les verra reparoître. Objectera-t-on la crainte de montrer trop de détresse ? Cette raison eût été bonne pour un ministre comme M. de Calonne, qui faisoit de gros sacrifices, pour cacher, comme il s'exprimoit, *l'attitude de la pénurie*. Mais les représentans d'une nation n'adopteront pas cette politique mensongère, qui ne feroit qu'accroître le mal, comme je le ferai voir, en parlant du change.

En adoptant les moyens que je propose pour faciliter l'échange des assignats, quel inconvénient y a-t-il à en mettre une plus forte somme en émission ? Dira-t-on que le paiement d'un milliard d'assignats sera moins assuré que celui de quatre cents millions ? Comment cela seroit-il, si les biens nationaux les couvrent, et bien au-delà ? Si j'avance six livres et puis douze livres, sur une valeur réelle de vingt-quatre livres, le dernier écu est-il moins solidement placé que le premier ?

Objectera-t-on le renchérissement des denrées ? Comment renchériroient-elles, lorsque l'émission d'assignats qui pourra être nécessaire, remplacera à peine le numéraire que nous avons perdu ? car cette émission ne pouvant être que successive, et tendant sans cesse à s'écouler dans l'achat des biens, le marché ne peut jamais en être surchargé.

Mais en admettant quelque hausse sur les denrées, quel inconvénient y a-t-il ? le prix du travail ne s'y proportionne-t-il pas ? Si vous la redoutez, redoutez aussi la richesse et la prospérité ; car, par-tout où il y a richesse, le prix des choses est plus cher, que là où il y a pauvreté ; le renchérissement qu'on redoute, lorsqu'il est le fruit de l'abondance du numéraire, ne frappe point sur le peuple, parce que le peuple travaille, et que, dans une bonne constitution, le prix du travail ne reste pas entièrement à la merci des riches. *Les bras d'un homme valent plus que sa vie*, a dit Rousseau. Si le prix des choses augmente par l'effet de l'abondance

du

du numéraire, par la même cause, l'intérêt de l'argent baisse, les manufactures et l'agriculture en profitent. Ainsi, tout se nivelle, tout se compense.

Une objection qui paroît plus spécieuse, c'est celle que l'on fait sur les changes, parce que cette matière étant plus abstraite, il est plus facile de l'embrouiller pour ceux à qui elle n'est pas familière. Je tâcherai de l'éclaircir. Pour que ce mode de paiement puisse influer sur nos rapports commerciaux avec l'étranger, il faut admettre deux suppositions : l'une, que nos billets perdront contre le numéraire effectif ; l'autre, que le résultat des rapports de notre commerce avec l'étranger resteroit en définitif à notre charge. Il faut que cette double supposition existe, l'une sans l'autre ne suffiroit pas pour nous alarmer sur les variations du change. Et en effet, si notre numéraire est vraiment égal en valeur au numéraire réel, quand même nous serions débiteurs, il importe peu à nos créanciers que leur paiement s'opère sous une forme ou sous une autre, si toutes les deux sont également bonnes ; si, au contraire, la balance est à notre profit, quand même les billets nationaux, que nous faisons concourir, avec nos écus, au service de la circulation, n'auroient pas la même valeur

B

que nos écus, il importe peu à ceux qui nous doivent, et qui, ayant à nous payer, n'ont rien à recevoir de nous, de savoir de quel signe nous faisons usage dans nos paiemens. A la vérité, il est des puissances dont nous nous trouvons débiteurs plutôt que créanciers, soit dans tous les temps, soit dans certaines circonstances ; et on pourroit dire que les paiemens particuliers que nous nous trouvons chargés de faire à ces puissances, nous coûteront d'avantage, si notre manière de payer est moins parfaite que la leur ; mais pour peu que l'on réfléchisse sur les compensations qui s'établissent par les délégations perpétuelles que fait le royaume, débiteur sur ceux dont il se trouve créanciers (1), on verra

____

(1) Si je tire des huiles d'Italie, je puis les payer par des traites fournies sur Vienne ou sur Cadix, par celui qui envoie des soiries en Allemagne ou en Espagne. Voilà comme s'opère la compensation. Il est possible qu'au moment de la baisse du change, quelques individus perdent, mais cette perte sera en bénéfices pour d'autres, et la nation ne peut s'occuper que du résultat général, et non de quelques accidens particuliers. Par exemple, si je tire des étoffes d'Angleterre, que j'aie compté sur le change de 30 deniers sterlings, pour 3 liv., et qu'il tombe à 25 den., je payerai 3 liv. 15 s. ce que j'aurois cru ne payer que 3 liv.; mais le marchand de Bordeaux qui aura envoyé, pour son

qu'en dernière analyse, ce n'est que sur la solde de la balance que se trouve la perte ou le bénéfice. Ainsi, si dans de mauvaises années la balance étoit contre nous de cinquante millions, par exemple, et que le change fût contre nous de dix pour cent, ce seroit 5 millions que nous perdrions; cela ne vaut pas la peine de s'y arrêter. Encore faudra-t-il, sans doute, comprendre dans cette balance environ 36 millions d'arrérages, que nous payons aux étrangers. Comme ils sont obligés de recevoir ces arrérages dans notre monnoie, la perte du change, s'il y en a, est à leur charge et non à la nôtre.

Une perte plus sérieuse arriveroit sur le change, si nous voulions, à toute force, repomper les écus que les émigrations peuvent faire sortir, en faisant des opérations semblables à celles que faisoit la caisse d'escompte avant le décret des assignats, pourse procurer des espèces. On sait que ses dernières opérations lui ont fait revenir

---

compte, des vins à Londres, dont il attendoit le retour à 30 den., le recevant à 25, reçoit, au lieu d'un écu, 3 liv. 15 sous. Il gagne donc ce que je perds; et le change restant dans cet état, il en résultera nécessairement que nous tirerons moins de draps de l'Angleterre, et que nous y enverrons plus de vins; ainsi la balance se rétablit.

le numéraire à douze pour cent , c'est-à-dire, que chaque écu lui revenoit à 6 l. 15 s. ; et comme ces écus ne séjournoient certainement pas trois mois en France, par l'appât du gain qui les faisoit ressortir aussi-tôt , ces opérations, répétées quatre fois par an , nous faisoient payer l'argent quarante-huit pour cent. Voilà, messieurs , ce qui s'appelle travailler en finance. Que l'Angleterre, dans des momens critiques, où son numéraire sortoit, ait été obligée de se livrer à de pareilles opérations, on le conçoit ; mais nous sommes dans une position toute différente : le papier de l'Angleterre ne reposant pas, comme le nôtre , sur une base réelle, mais essentiellement sur le crédit, pour entretenir cette magie, il faut qu'elle offre sans cesse d'échanger ses billets à vue contre espèce. On sent donc l'importance qu'il y a pour elle à se tenir en numéraire , et à faire des opérations forcées pour s'en procurer quand il disparoit ; mais si ces momens duroient, si l'Angleterre éprouvoit une révolution aussi longue que la nôtre , il est impossible que sa banque y pût résister , et le sort de l'Angleterre est attaché à cette banque.

Mais comme le remboursement de nos billets n'est point obligé, qu'il ne doit se faire que par le produit de la vente des biens, il y auroit de la démence à nous à vouloir retenir à toute force un représentatif qui fuit, et de le payer au double de sa valeur, lorsque nous en avons un tout aussi bon, et qui ne nous coûte rien ; si la nation pouvoit avoir un moyen d'administrer ses biens par elle-même, sans détérioration, notre plus grande source de richesse seroit certainement de ne pas les vendre, de nous aider d'un numéraire papier qui les représenteroit, et de rendre l'étranger tributaire, par le superflu de nos métaux ; et qu'on n'en doute pas, nos assignats, dont les autres nations ne tarderont pas de connoître la solidité, serviront un jour dans nos rapports commerciaux avec elles. Les billets de la banque d'Angleterre ont une valeur chez tous les commerçans de l'Europe ; un voyageur n'est n'est nulle part embarrasé avec un billet de la banque ; et quelle différence de ces billets à nos assignats !

Voici maintenant les principaux avantages que retirera la nation d'une émission plus considérable d'asssignats.

1°. D'être obligée à moins d'impôts, pour niveller la recette avec la dépense ; même en donnant un intérêt aux assignats nouveaux, il y auroit toujours une économie considérable dans la différence de trois à cinq pour cent affectés aux contrats, différence qui durera d'autant plus, qu'en recevant cinq pour cent, on ne se pressera pas d'acheter; qu'en attendant, les terres mal administrées diminueront de valeur, et que leur moindre produit forcera d'augmenter les impôts.

2°. De porter le produit des biens à la plus haute valeur possible ; ce qui ne peut avoir lieu qu'en rendant le numéraire abondant. L'abondance du numéraire fait baisser le taux de l'intérêt, et le bas intérêt engage à placer sur les terres.

3°. De ne pas porter préjudice à la valeur des propriétés du même genre.

Il est évident que si, comme on l'a proposé, on admettoit des contrats en paiement des biens, au lieu de créer du numéraire, on porteroit doublement préjudice aux autres terres, qui, par la concurrence de ce numéraire contract, et le haut intérêt auquel continueroit de se placer le numéraire assignat ou argent, ne pourroient ni se vendre ni s'améliorer ; ainsi des propriétaires qui doivent sur leurs fonds (et il en est beaucoup), verroient leurs biens saisis, vendus à vil prix, et sans s'être libérés ; ainsi, après avoir ruinés les créanciers de l'état, on ruineroit les propriétaires.

4°. La nation doit préférer la manière qui fera

passer les biens dans un plus grand nombre de mains, et sur-tout entre les mains des cultivateurs; mais veut-on pour cela que les cultivateurs de province viennent sur l'arêne de la bourse à Paris, acheter des titres de rentes et de charges à grosse perte, pour les donner en paiement des biens nationnaux ? Non, ils ne feront point le voyage, mais ce sont les gens à argent, de Paris, qui acquerront les contrats à vils prix, pour acheter des terres dans les provinces, dans l'espoir de les vendre aux cultivateurs en détail, et de gagner sur eux la différence des contrats, c'est-à-dire, vingt-cinq à trente pour cent. Et ceci n'est point une supposition ; je connois des sociétés projettées pour de pareilles spéculations.

Il faut, pour subdiviser les ventes, que le bas intérêt de l'argent rapproche les riches rentiers des agriculteurs, en les obligeant, faute d'autres emplois, à faire des avances aux cultivateurs.

Mais tant que l'on trouvera, comme aujourd'hui, des contrats sur des terres à six pour cent, hors quelques spéculations bornées dans l'espoir d'une amélioration de chose, qui est-ce qui sera tenté d'acheter des terres? Le véritable agriculteur, qu'il faut favoriser, pourra-t-il raisonnablement se livrer à des entreprises ? Il faut donc baisser le prix de l'argent (1).

Il y a de plus une considération majeure, qu'a faite M. Cernon : c'est qu'il est du plus grand intérêt que les ventes se fassent au comptant ; et comme on ne peut revenir sur le décret,

---

(1) Dirat-on que l'on fait tort aux capitalistes, en faisant baisser l'intérêt de l'argent ? Autant vaudroit dire que si la nation, au lieu de trois milliards en terre, avoit trois milliards en écus, il ne faudroit pas payer crainte de nuire aux capitalistes. C'est bien alors que le prix des choses monteroit, puisque cet argent n'auroit point le débouché que l'on offre aux assignats.

La banque de Paris (du moins celle qui, ne s'étant pas livrée aux circulations inconsidérées de l'agiotage, étoit, pour ainsi dire, désœuvrée), ne pourra que gagner à la baisse de l'intérêt. Ces circulations forcées ayant fait monter le taux de l'escompte au dessus de six pour cent, avoient obligé les bonnes maisons des ports de mer à retourner leurs opérations sur Londres et sur Amsterdam, où l'escompte est communément à quatre pour cent. Paris avoit également perdu beaucoup de relations du Nord et du Midi, et il ne lui étoit resté que celles dont Amsterdam et Londres n'avoient pas voulu. Avec la baisse de l'intérêt, la banque regagnera ces relations, qui faisoient autrefois la base de ses bénéfices, et qui, pris sur l'étranger, bonifieront la balance du commerce.

pour que les capitalistes se mettent prêteurs à la place de la nation, il faut qu'ils trouvent leur convenance à prêter au dessous du taux de l'escompte fixé par le décret.

Enfin, le grand avantage d'une émission considérable d'assignats, c'est de rétablir la circulation; c'est la circulation qu'il faut au peuple, parce qu'elle crée les travaux, et que là où se trouve les travaux, la misère s'éloigne, lors même que les denrées seroient chères. Dans un royaume qui se nourrit par son sol, tout se perd, tout se détruit, dès qu'une masse considérable d'individus ne peut ni payer ses dettes, ni faire les dépenses raisonnables que ses facultés comportoient; il faut alors que la prospérité publique recule dans tous les sens, mais qu'elle recule par des accidens qui peuvent enfin réagir sur la constitution. Certainement la France a tout à craindre, si la langueur qui afflige son commerce et ses manufactures se prolonge.

Cette langueur est prête à attaquer les produits territoriaux; et ce mal une fois rendu sensible, où s'arrêtera-t-il ? est-il possible de ranimer le commerce et les manufactures, lorsque le numéraire est resserré ? Voilà l'état de la question; qu'on y réponde ?

Je vais plus loin, et je dis que l'état pourroit ne rien devoir. Il pourroit rester assez de revenus à sa disposition, pour ses dépenses in-dispensables, et cependant le numéraire se trouver resserré par les événemens actuels, au point d'interrompre le cours des travaux. Qui doute que, dans une telle conjoncture, le gouvernement ne dût, si cela étoit possible, prêter un papier monnoie quelconque, qui ne pût pas se resserrer comme le numéraire, qui en fît l'office, et qui seroit retiré dès que la sécurité seroit rétablie ? A plus forte raison, lorsqu'il existe une dette publique, lorque les paiemens arriérés, les craintes d'une suspension ont arrêté la circulation, le gouvernement doit - il chercher les moyens de suppléer au numéraire ; à plus forte raison, lorsque, par une position unique, et qui ne s'est rencontrée chez aucun peuple, le gouvernement se trouve propriétaire d'une immensité de biens, et d'une telle nature, que rien ne peut égaler la solidité des délégations données sur ces biens.

Certes, si quelque chose doit un jour étonner nos neveux, c'est que nous mettions tant de lenteur, tant d'hésitation à adopter une mesure aussi salutaire, sur-tout lorsque les considérations politiques les plus sérieuses invitent encore à se presser de l'adopter : je veux parler de l'affermissement de la constitution.

Mais, me dira-t-on, en convenant de ces vérités, il faut adopter une mesure, une proportion quelconque dans l'émission de cette monnoie ; car l'excès pourroit être aussi nuisible que la rareté. Bien des gens contesteront cette assertion, et diront qu'il n'y a pas d'autre mesure à adopter que de donner des assignats pour tout ce que l'on pourra payer, jusqu'à la concurrence du montant des biens nationaux, lorsqu'il sera connu ; qu'il est impossible qu'il puisse en résulter des inconvéniens, parce que, dès le moment que le *trop plein* se fera sentir, les assignats se dégorgeront dans l'acquisition des biens ; et, si les biens ne se vendent pas promptement, c'est que les assignats auront trouvé des emplois plus utiles. Et doute-t-on qu'il ne s'en présente ? Que de choses à faire en France, pour porter ce royaume au point de prospérité dont il est susceptible !

Cependant, pour ne pas effrayer les esprits timides, on pourroit (en décrétant le principe, que la dette sera successivement liquidée en assignats, à concurrence de la valeur des biens, et à mesure de leur vente), se borner, pour le présent, à l'émission de la somme nécessaire pour ramener le taux de l'intérêt à 4 pour cent; mais, pour cela, il ne faut plus joindre d'intérêt aux nouveaux assignats, sans quoi l'on n'atteindroit pas ce but; car, qui est-ce qui voudroit courir le risque de compromettre ses assignats, pour gagner un pour cent sur l'année ? On aimeroit mieux les garder en porte-feuille, et recevoir trois pour cent de l'état. Pour que l'assignat devienne moyen, il faut qu'il cesse d'être enploi. Il a pu être nécessaire de joindre un intérêt à la première émission, pour accoutumer à cette monnoie; mais maintenant on doit sentir combien cette mesure est superflue, combien elle ralentit la circulation, et combien, par conséquent, elle est en pure perte pour l'état. Je crois que, pour ramener l'intérêt à 4 pour cent, il faut une nouvelle émission successive de 600 millions, dont 150 millions serviront au remboursement de la dette exigible, et suspendue (1); 150 en à compte du rembour-

____

(1) M. Dufresnoy, dans sa discussion sur la motion de M. l'évêque d'Antun, dit que le paiement de la dette arriérée, n'est pas ce qu'il y a de plus instant, attendu que dans cette dette, qui provient des remboursemens

sement des charges de finances et de judicature ;
et de l'arriéré des départemens ; 300 millons
seront mis en reserve , pour servir tant au
besoin de la fin de l'année , et de l'année
prochaine , que d'un nouvel à-compte en-rem-
boursement des charges. Il faudra donc plus
d'un an pour faire cette nouvelle émission ; et,
d'ici là, l'on doit penser qu'il sera rentré , au
moins , 200 millions, par la vente des biens.
Ainsi il n'y aura jamais que 8 cents millions

---

suspendus par l'archevêque de Sens, il y a environ 40
millions d'assignations sur les domaines, et que , sui-
vant lui, ces anticipations , pour les services du gouvernement, sont, de routes les dettes la plus illégale ; que
d'ailleurs la nation, par son décret du 16 avril, ayant
affecté et hypothéqué tous ses biens et revenus au paiement de sa dette, elle ne peut pas favoriser certains créanciers au préjudice des autres. Mais alors il ne faudroit
payer personne, ou faire une répartion égale entre tous ;
ce qui supposeroit que la nation est en faillite , et ne
peut tout payer ; et ce n'est pas la pensée de M. Dufresnoy. Et ce qui prouve qu'il a mal saisi le sens du décret ,
c'est que l'on rembourse, tous les jours, à mesure d'é-
chéance ; les anticipations faites par M. Necker seroient-elles
plus sacrées que les autres ? Il faudroit donc aussi alors
rembourser , de préférence , tous les emprons faits par
M. Necker.

de billets en circulation. Si l'on considère que, depuis douze ans, par les sommes que nous a coûté la guerre d'Amérique, par le dépérissement du commerce, à la suite de cette guerre, par deux années désastreuses en récolte, et enfin, par les émigrations de ces derniers temps. Si l'on considère, dis-je, que toutes ces causes ont dû faire sortir de la France 6 à 700 millions de numéraire, nous nous retrouverions, par cette nouvelle émission, à-peu-près au point où nous étions il y a douze ans; et encore faut-il, pour cela, que tout le numéraire caché reparoisse.

Je ne doute nullement qu'il n'en faille beaucoup plus, lorsque les canaux de la circulation seront rouvert, par le retour du calme, et l'activité de l'industrie ; activité qui sera bien autrement stimulée sous le régime de la liberté, que sous celui du despotisme ; mais alors on aura l'évaluation exacte de tous les biens, beaucoup de ventes seront opérées, et l'on pourra sans inconvéniens mettre en émission le restant des assignats équivalent à la valeur des terres, quelle qu'en soit la somme.

Je crois avoir répondu à toute les objections ; je ne sais si j'ai satisfait, mais je suis profondément convaincu que le mode du paiement en assignats est le seul juste, utile et salutaire dans les circonstances où nous sommes ; mais comme on ne sauroit trop attirer les contradictions dans une question si capitale , il est de la plus grande importance que l'assemblée nationale ne prenne un parti qu'après la plus mure et la plus lente délibération. On dit que l'assemblée n'a pas ce que l'on appelle des connoissances en finance , mais je crois que c'est précisément ce qui la sauvera d'erreur ; car, outre que dans cette matière il faut bien d'autres notions que des notions de finances , les prétendues connoissances de la plûpart des gens d'affaires ne sont que préjugés , routines, idées reçues sans examen, qui ne s'appliquent aucunement à l'objet et aux circonstances ; et la saine raison de l'assemblée, exempte de prévention et éclairée par la discussion , vaudra infiniment mieux ; car, lorsqu'une vérité nouvelle devient d'un grand intérêt à être éclaircie, de quelque nuage qu'on veuille l'envelopper , les bons esprits parviennent à le dissiper, et elle est bientôt à la portée des plus simples.

POST-SCRIPTUM.

J'ajoute encore un mot sur la nécessité des petits assignats : je regarde cette mesure comme tellement importante, que je crois que l'on s'expose aux plus grands périls, si l'on ne se presse pas de l'adopter.

Qu'a-t-on voulu faire en créant des assignats? c'est sans doute de suppléer au numéraire, et de nous donner une monnoie; mais une pièce de deux cents livres n'est pas une monnoie; on n'a aidé que le commerce en grand; mais que l'on y prenne garde, si le commerce en détail se ruine, le commerce en gros ne pourra aller loin. Or, il est très-près de se ruiner; Si l'on veut consulter les marchands détaillans de Paris, ils vous diront que l'on ne paie point les petites sommes; que pour ne pas échanger à perte, les particuliers demandent crédit : et pour bien des gens, prendre à crédit et ne pas payer, sont synonime : d'ailleurs ces crédits arrêtent la circulation.

Nos plus grosses pièces d'or sont de 48 liv. ; on a reconnu que plus fortes, elles seroient à charge. En effet, dans bien des cantons on auroit de la peine à échanger un double louis : qu'y fera-t-on d'un morceau de 200 liv., si par malheur il y tombe ?

Ceux qui s'opposent aux petits assignats, ne donnent pour raison que des terreurs qui ne sont fondées sur aucun sain raisonnement. On avoit

répandu

répandu les mêmes terreurs sur les gros assignats, la veille du décret ; ils devoient, disoit-
on, occasionner la guerre civile entre les provinces et la capitale.

Le peuple des villes, l'habitant des campa-
gnes, est attaché à la constitution ; il sait bien
qu'elle est pour lui : il a respecté les décrets de
l'assemblée, quand on ne les lui a pas mal interprê-
tés. L'assemblée décrétant les petits assignats, il y
aura confiance beaucoup plus qu'aux coupures,
qu'on a proposé de faire faire par les principales
municipalités ; et toutes les terreurs qu'on cherche
à répandre, disparoîtront au contact seul de l'assignat, comme les fantômes se dissipent au
reveil.

Enfin, si, au lieu de suppositions vagues,
on vouloit consulter l'expérience de toutes les
nations qui ont du papier-monnoie, qui ne
vaut pas le nôtre, et dont elles accroissent les
émissions sans aucun gage, on verroit qu'elles
ont reconnu la nécessité, et qu'elles font usage
de petits billets, sans inconvéniens. Les paysans
grossiers de la Russie ne les repoussent point.
Plus on différera, et plus le mal s'accroîtra ; on
attribuera au discrédit, ce qui ne sera que l'effet de la gêne, et l'on perdra la plus belle opération, pour ne s'être pas décidé à temps.

C

SECOND POST - SCRIPTUM.

Le comité des finances vient de donner son rapport, dans lequel il propose trois modes de remboursement. On a vu, dans ces observations, que j'avois pensé que le mode qui donneroit lieu à une grande émission d'assignats, n'opéreroit cependant qu'une émission successive, à mesure d'échéance et de liquidation ; mais le comité comprend dans la dette exigible, la dette remboursable à époques diverses, qui portent jusqu'en 1810, et s'élève à 565 millions. Ceux qui proposent le remboursement anticipé de cette créance, n'ont pas considéré que plus du quart en est dû à l'étranger, soit par placement direct, soit par avances faites aux nationaux sur ces divers emprunts ; avances qu'il faudroit rembourser ; que l'étranger ne pouvant faire usage de nos assignats, seroit obligé de les convertir en écus, ce qui entraîneroit la baisse des assignats, et une sortie de 150 millions de numéraire.

Bien que j'aie pensé que l'on pourroit en venir au point, par des petits assignats, à se passer à peu-près d'écus, s'il le falloit, je n'ai indiqué ce remède que comme un parti préférable à celui de repomper des écus qui nous coûteroient cinquante pour cent par an ; mais il ne s'ensuit pas que nous puissions, dans ce moment, voir sortir forcément une masse considérable de numéraire, sans nous exposer à des inconvéniens très-graves, et peut-être irréparables.

Les petits assignats, pour réussir complétement, doivent être mis, dans le principe, en émission, avec modération, pour qu'ils soient rares et recherchés ; et si on les répandoient dans un moment où les gros assignats perdroient dix à quinze pour cent, on courroit risque de manquer l'opération. Or, certainement la seule annonce du remboursement de çes 565 millions, dont il seroit aisé de prévoir le résultat, pourroit amener, en très-peu de temps, les assignats à cette perte.

<hr>

M. NECKER répand, dans ce moment, un mémoire contre une grande émission d'assignats. Il a complétement raison, dès qu'il ne veut pas que les assignats soient d'assez petites sommes pour servir de monnoie, et qu'ils doivent continuer d'enrichir les grandes caisses qui, étant obligées d'avoir de gros fonds morts, jouissent seules de l'intérêt. On a vu que la base de mon opinion portoit uniquement sur la création des petits assignats. Si l'on n'en veut point, j'irai plus loin que M. Necker ; car je ne conçois pas comment il peut penser que l'on pourroit créer encore 200 millions d'assignats, tels que ceux que nous avons. Je dis qu'il est impossible que la gêne n'aille pas en augmentant, et je prédis à M. Necker qu'avec cette surcharge de 200 millions, qui n'aidera point la circulation de détail, et ne fera que l'engorger d'avantage, on verra les assignats à quinze pour cent de perte avant six mois.

M. Necker dit qu'il n'y a plus que trois moyens de procurer des espèces au gouvernement.

Je dis que ces moyens sont nuls.

Faire payer les impôts en espèces, est injuste et impraticable.

Les acheter, n'est qu'un moyen de les faire renchérir.

Les faire venir de l'étranger, j'ai prouvé que pour nous procurer 50 millions pour une année, ils nous en coûteroit 75 millions (1), et 50 millions seroient une goute d'eau.

Il faut donc cesser de se faire illusion, et aller

______

(1) *Voyez* page 19.

au seul remède qui puisse faire revenir les écus ;
c'est d'apprendre à s'en passer.

M. Necker, pour décrier une grande émission
d'assignats, dit qu'elle ne convient qu'aux agioteurs. Il me paroît, au contraire, que cette
émission sera la mort des agioteurs, comme des
usuriers. Ce ne sont pas des agioteurs, c'est
M. de Cernon qui a eu le premier la vaste con-
ception de payer la dette en monnoie territoriale,
et qui a vu que, pour nous tirer d'affaire, il falloit *payer pour vendre*, et non pas *vendre pour
payer*. Mais le premier écrit que M. Cernon pu-
blia, il y a près d'un an, étoit tellement au-dessus
des conceptions ordinaires, il dérangeoit si fort
les idées reçues, qu'il ne fut pas même lu, ou
qu'on le lu sans le comprendre (1). M. Cernon par-
vint cependant à se faire quelques sectateurs
dans le comité des finances. Il a publié un se-

____

(1) M. Clavière, qui a mis la doctrine des assignats à
la portée de tout le monde, avoit pensé qu'il ne falloit
s'occuper d'un plan vaste sur cet objet, que lorsque la constitution seroit achevée; c'est pour cela que dans ses pre-
miers écrits, il avoit demandé 600 millions pour arriver
sans embarras jusqu'à cette époque. Ceux qui ont contrarié
cette mesure, voient aujourd'hui combien elle étoit nécessaire, puisqu'ils demandent que l'on complette ces 600 mil.

cond écrit, peut-être plus profond que le premier, où il a démontré, sans réplique, le danger
des ventes à terme, ce dont personne ne s'étoit
douté. Le tort de M. Cernon est d'avoir de-
vancé d'un demi siècle nos lumières dans cette
partie ; c'est pourquoi j'ai cru devoir restraindre
son plan pour le rapprocher de nos conceptions.
M. Cernon avoit bien vu qu'il falloit de petits
assignats ; il les faisoit de la valeur de nos pièces
d'or. Cette mesure étoit suffisante alors : mais
aujourd'hui il est trop tard ; et pour ne pas y
revenir à deux fois, il faut aller jusqu'à six
livres (1).

On n'a pas voulu voir que ce sont les gros
assignats, et non les petits, qui font cacher le numéraire. Il y a vingt-cinq millions d'hommes en

---

lions. Mais ils doivent convenir aussi qu'il y a une grande
différence, pour le crédit, de ne l'avoir pas fait alors, et
d'être obligé d'y venir à présent ; et puisqu'on y est forcé,
il ne faut pas risquer de faire encore une opération insuf-
fisante.

(1) On a proposé de ne faire descendre les billets
que jusqu'à 24 liv., et d'établir des caisses patriotiques
pour leur échange ; mais aujourd'hui, ce moyen pourroit être douteux ; il ne nous faut plus de doute, il nous
faut certitude.

France ; à supposer que quatre sur cent aient l'un dans l'autre caché 1000 liv. , et ce n'est pas trop , cela fait un milliard ; une moitié est mise en réserve par mauvaise intention ou par crainte des événemens ; l'autre moitié , par la difficulté de trouver au besoin à échanger un gros assignat contre des écus , sans être soumis à une perte qui va en augmentant. Mais lorsqu'il y aura des petits assignats , qui feront les mêmes fonctions que les écus , cette dernière moitié rentrera peu-à-peu dans la circulation ; car, pourquoi la garderoit-on ? Ainsi , d'une part , on aura plus de numéraire ; d'autre part , on en aura moins besoin : et ces deux causes réagissant l'une sur l'autre, nous mettront dans l'abondance, à moins que des causes étrangères, et plus graves, n'occasionnent de nouveaux resserremens. Ce seroit donc aller absolument à fin contraire , et finir par tout perdre , que de s'obstiner , après l'expérience que nous en avons, à ne pas faire des assignats de petites sommes.

M. Cernon a dit : on réserve le numéraire ou par *crainte*, ou par *espérance*. Par *crainte* de la banqueroute, qui renverseroit la constitution. Mais quand on aura payé, on ne craindra plus de banqueroute. Par *espérance* de le vendre plus cher. Quand vous saurez vous en passer, on n'aura plus l'espoir de le vendre.

M. Neker s'est toujours flatté que des pailliatifs suffiroient pour nous tirer d'embarras ; il eût
vu différemment, il eût mieux vu , s'il n'eût pas
été un des acteurs les plus intéressés dans cette
grande scène , et celui sur lequel tout le poids
des affaires retomboit, et en quelque sorte la
responsabilité des événemens, du moins dans
une partie de l'opinion publique. Ainsi, il a dû
marcher timidement ; mais les plans de la timidité
ne pouvoient s'allier avec le système de la révolution. Dans de telles circonstances, ce n'étoit pas
Fabius qu'il falloit être , c'étoit César ; il falloit
franchir le Rubicon. Que de choses hardies l'assemblée nationale n'a-t-elle pas entreprises et
terminées , qui ont dépassé tout ce que le génie
eût osé concevoir ! ce n'étoit que par une im-
pulsion grande, que l'on pouvoit tout entraîner ;
et chercher à rallentir le vaisseau dans sa course,
c'étoit risquer de le faire échouer.

M. Necker, accablé de chagrin, de fatigue et
de maladie, a souvent été obligé de voir par les
autres. Ceux qui l'entouroient le flattoient d'espérance pour le soutenir. C'est ainsi qu'on lui fit
croire, il y a neuf mois , qu'une création d'ac-
tions de la caisse d'escompte, pour cent millions,
dont la moitié seroit payable en espèces , rac-
commoderoit les affaires. Mais ceux qui suivoient

jour à jour notre position , voyoient bien que
vouloir se procurer 50 millions d'écus de cette
manière, c'étoit, comme l'on dit , *vouloir prendre
la lune avec les dents* , et qu'en se les procurant,
on n'en seroit pas plus avancé au bout de deux
mois. L'événement a justifié l'insuffisance de tous
les plans pareils qu'on lui fit adopter ensuite. Ne
nous berçons donc plus de pailliatifs, et ne con-
sommons plus les biens du clergé en émissions
parcimonieuses de six moi en six mois; donnons
de quoi payer, si nous voulons voir rentrer les
subsides et vendre les biens.

J'ai dit, et je le répète, il n'y a point de moyens
de se procurer des écus. Que ceux qui ne veu-
lent pas de petits assignats, nous disent donc leur
secret pour payer et faire travailler le peuple
sans argent , et parer à la misère qui se pré-
pare pour cet hiver. Ils en parlent bien à leur
aise , ceux qui vivent dans l'opulence ; mais
qu'ils veuillent bien descendre au-dessous d'eux ;
qu'ils s'enquièrent de leur perruquier , de leur
tailleur , de leur cordonnier ; ils leur diront
comme ils sont payés ; que chacun les renvoie,
sous prétexte de manquer de numéraire ; ou
que, pour payer 6 liv. on n'a pas honte de leur
demander de rendre sur un billet qui perd 12 liv.

Et l'on dit que le peuple ne prendra pas les petits billets, qu'on le soulevera contre ! comme si
le peuple ne connoissoit pas ses intérêts, quand
ils sont aussi directs ; comme si on ne l'avoit
pas toujours ramené, quand il avoit été égaré par
des insinuations perfides ! Mais quand il se sou-
lèvera par le sentiment de sa misère , quand le
désespoir et l'affreuse faim l'assiégeront, qui
est-ce qui le ramenera ?

Si donc le ministre des finances avoit pris de
meilleures notions, il auroit vu à quel danger
il exposoit l'état, en opposant tout son crédit à
la seule ressource qui nous reste, et en divisant
ainsi l'opinion publique, qu'il falloit porter d'un
seul côté ; car il devra convenir que le moyen
qu'on propose n'a d'inconvéniens que dans l'igno-
rance, qu'il faut éclairer ; qu'ainsi il ne s'agis-
soit que de rassurer en apportant des modifica-
tions au plan du comité , et qu'il falloit raffer-
mir le crédit des assignats, et non pas inquiéter
sur cette mesure, lorsqu'on fait entendre qu'il
en faudra encore.

Pénétré d'estime pour M. Necker, si j'ai ha-
sardé de le contredire, je n'ai pu y être porté
que par le sentiment profond de la nécessité
j'ai trop prévu ce qui est arrivé, pour n'a-

voir pas pris quelque confiance dans mes idées ;
et pour ne pas remplir les devoirs de citoyen,
en les soumettant au public dans un moment
aussi décisif.

F I N.

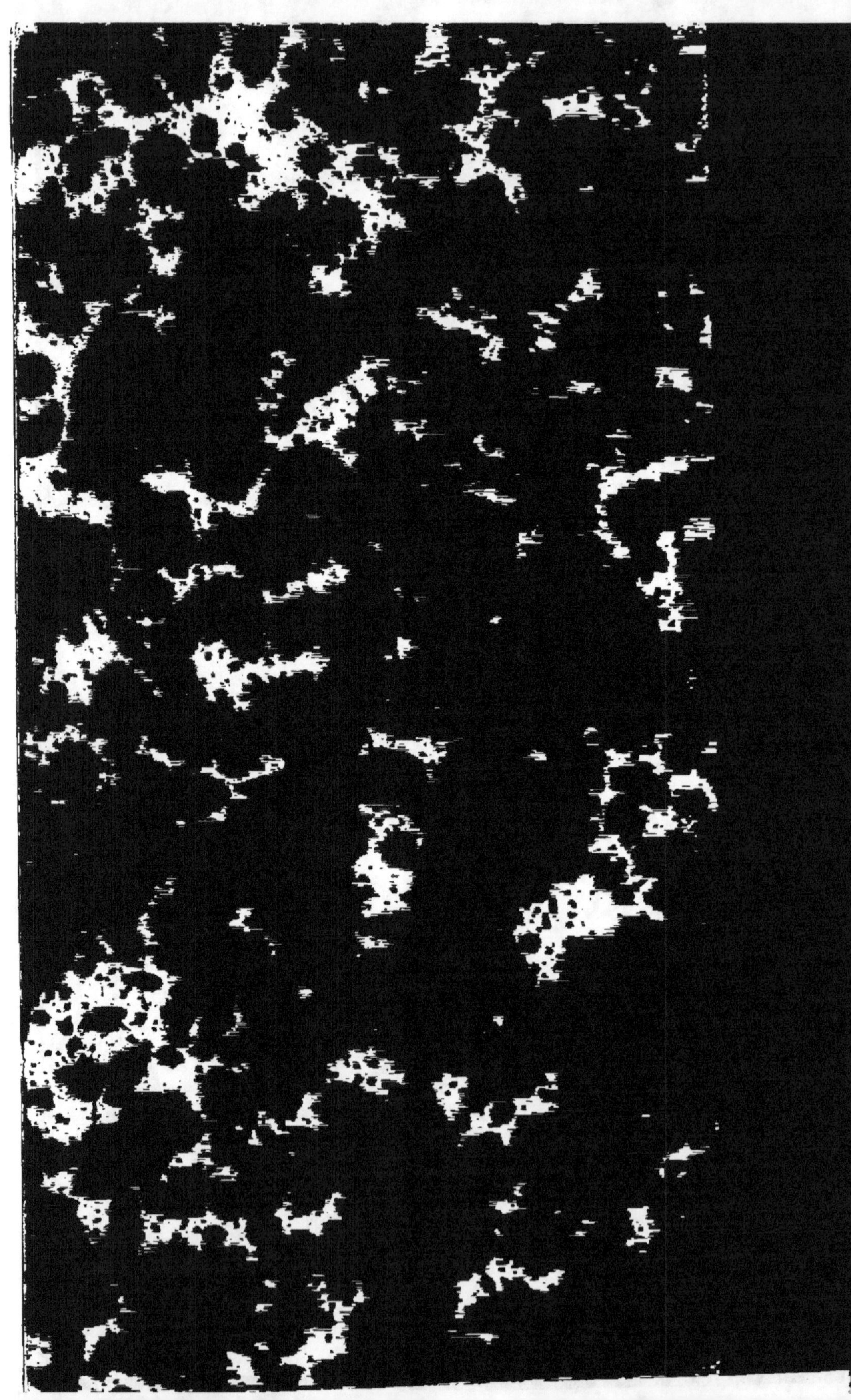